Nous ne sommes pas nés dans un oeuf!

Ruth Heller

En hiver, au printemps, en été et à l'automne . . .

le lièvre d'Amérique

le pelage des **LIÈVRES** change de couleur.

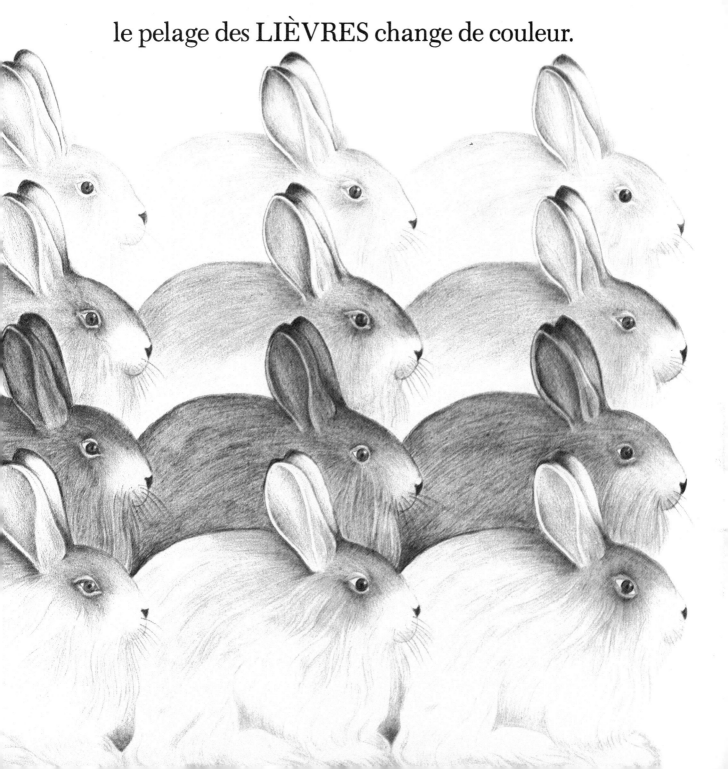

À Paul et Philip,
avec tout mon amour.

Données de catalogage avant publication (Canada)
Heller, Ruth, 1924-
  Nous ne sommes pas nés dans un oeuf!

Traduction de : Animals born alive and well.

ISBN 0-590-73030-4

1. Mammifères - Ouvrages pour la jeunesse.

I. Titre.

QL706.2.H4414 1992   j599   C92-09444-2

Pour tout renseignement concernant les droits, s'adresser à : The Putman Publishing Group, 51 Madison Avenue, New York, NY 10003.

ISBN 0-590-73030-4

Titre original : Animals Born Alive and Well

Édition publiée par Scholastic Canada Ltd., 123, Newkirk Road, Richmond Hill (Ontario) L4C 3G5
432   Imprimé aux États-Unis   2345/9

Nous ne sommes pas nés dans un oeuf!

**Texte et illustrations
de Ruth Heller**

**Texte français de
Christiane Duchesne**

la souris

Scholastic Canada Ltd.,
123, Newkirk Road, Richmond Hill (Ontario) Canada

Les MAMMIFÈRES
sont en général
des animaux à fourrure.
Ils allaitent leurs petits.

Ils ne pondent pas d'oeufs,
sauf les deux que voici.

l'échidné

Retenez bien ceci :
les MAMMIFÈRES
ne pondent pas d'oeufs.

Leurs petits naissent
déjà tout prêts
à affronter la vie.

l'ornithorynque

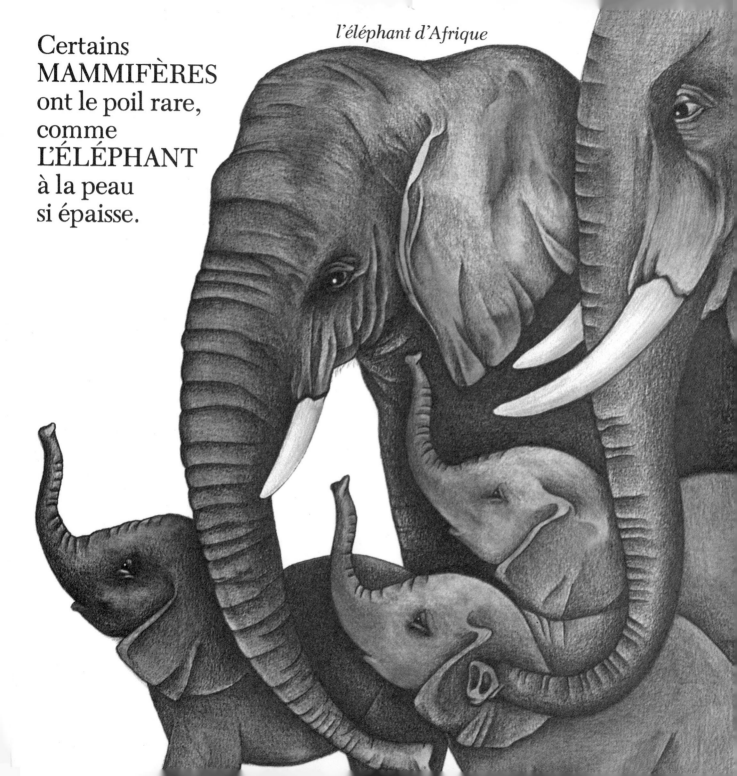

Certains
MAMMIFÈRES
ont le poil rare,
comme
L'ÉLÉPHANT
à la peau
si épaisse.

l'éléphant d'Afrique

le pékinois

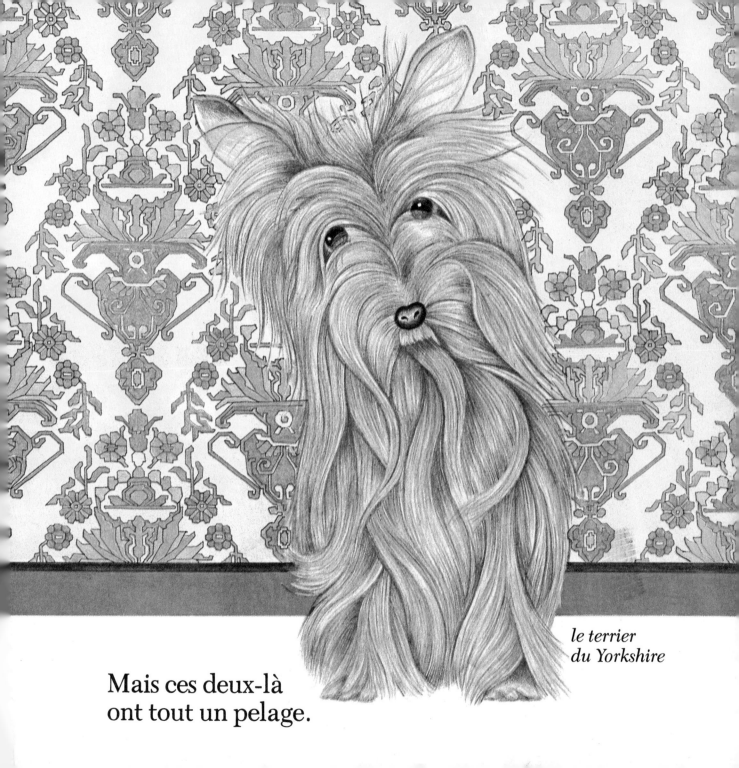

le terrier
du Yorkshire

Mais ces deux-là
ont tout un pelage.

l'okapi

le zèbre

le maki kata

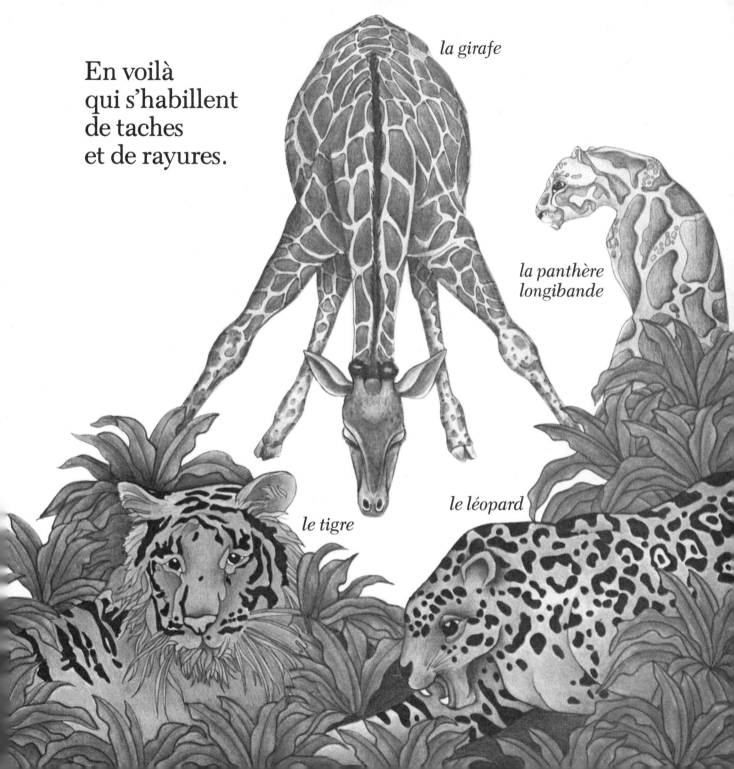

En voilà
qui s'habillent
de taches
et de rayures.

la girafe

*la panthère
longibande*

le tigre

le léopard

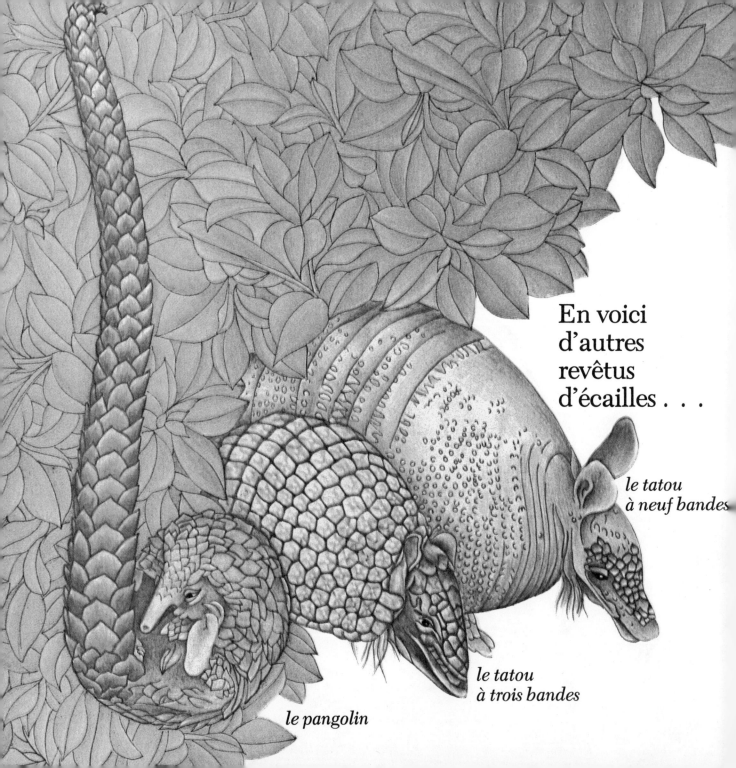

En voici
d'autres
revêtus
d'écailles . . .

le tatou
à neuf bandes

le tatou
à trois bandes

le pangolin

ou d'épines
aussi pointues
que des clous.

le porc-épic

Malgré leurs différences,
ce sont tous des MAMMIFÈRES.

Les CHAMEAUX aussi sont
des MAMMIFÈRES,

et, comme
tous les autres,
ils allaitent
leurs petits.

le dromadaire

la gazelle

Les
MAMMIFÈRES
sauvages . . .

le cerf

l'hermine

et les
MAMMIFÈRES
apprivoisés

sont tous plus ou moins
semblables.

Les
MARSUPIAUX
sont différents
des autres,
mais ce sont
aussi
des
MAMMIFÈRES.

Minuscules
à la naissance,
les petits rampent
dans la poche
de leur maman
et y grandissent,
comme le
KANGOUROU
que voici.

Les KOALAS
sont aussi
des MARSUPIAUX.

le mouflon du Canada

l'orignal

le mandrill

le panda

Les MAMMIFÈRES respirent comme nous.

Cela leur est tout naturel, même pour ceux qui vivent . . .

le rhinocéros

le lièvre

le cochon d'Inde

le cochon de terre

le rat-kangourou

la belette

l'écureuil

le daim

la chèvre

le bison

le renard

l'hippopotame

le fourmilier géant

le chien
de prairie

la taupe

sous
la terre . . .

la taupe naine

le pelage des **LIÈVRES** change de couleur.

En hiver, au printemps, en été et à l'automne . . .

le lièvre d'Amérique

le mouton

le cheval

le cochon

Voilà! Vous connaissez maintenant les MAMMIFÈRES. On les appelle aussi des VI-VI-PA-RES, ce qui veut dire que leurs petits naissent tout prêts, et non dans des oeufs.

le lion

le guépard

le tapir

le hérisson

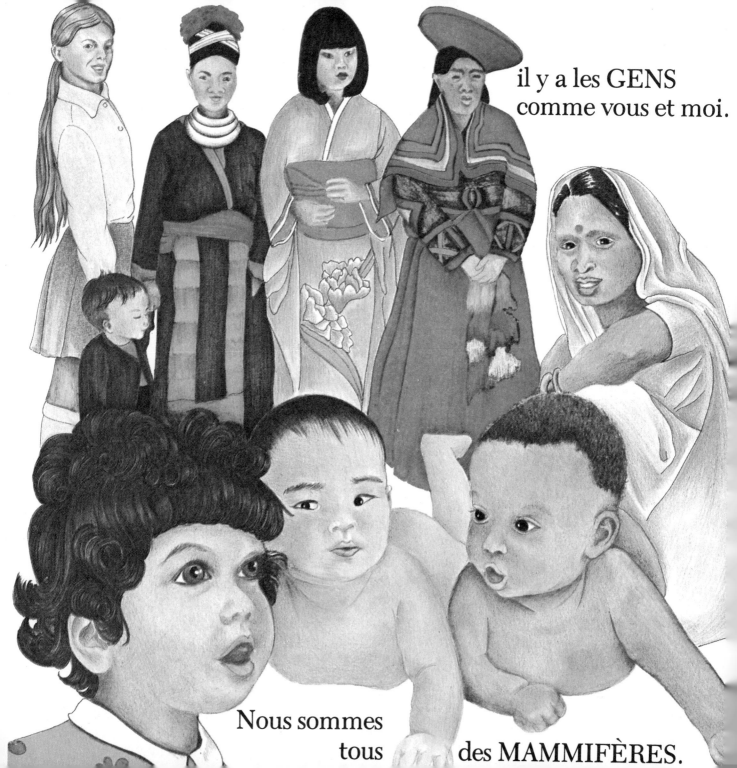

il y a les GENS
comme vous et moi.

Nous sommes
tous des MAMMIFÈRES.

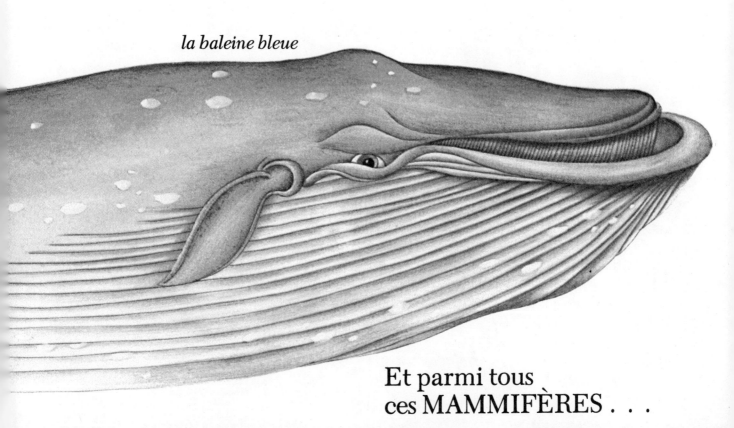

la baleine bleue

Et parmi tous
ces MAMMIFÈRES . . .

La BALEINE BLEUE
est le plus gros
de tous les MAMMIFÈRES.

Le plus petit,
c'est la MUSARAIGNE.

la musaraigne

le baluchithérium

Ils ont de drôles de noms,
un peu difficiles à lire.

le macrauchénia

Ces animaux
préhistoriques
étaient aussi
des MAMMIFÈRES.

le gomphothérium

le glyptodont

le phoque

le morse

Le MORSE,
le PHOQUE
et la LOUTRE
préfèrent
avoir
leurs petits
sur terre.

la loutre

le morse

la baleine à bosse

le lamantin

ou pour ceux
qui volent . . .

la chauve-souris

ou encore
pour les grimpeurs.

le ouistiti

le tarsier

le gibbon

le babouin

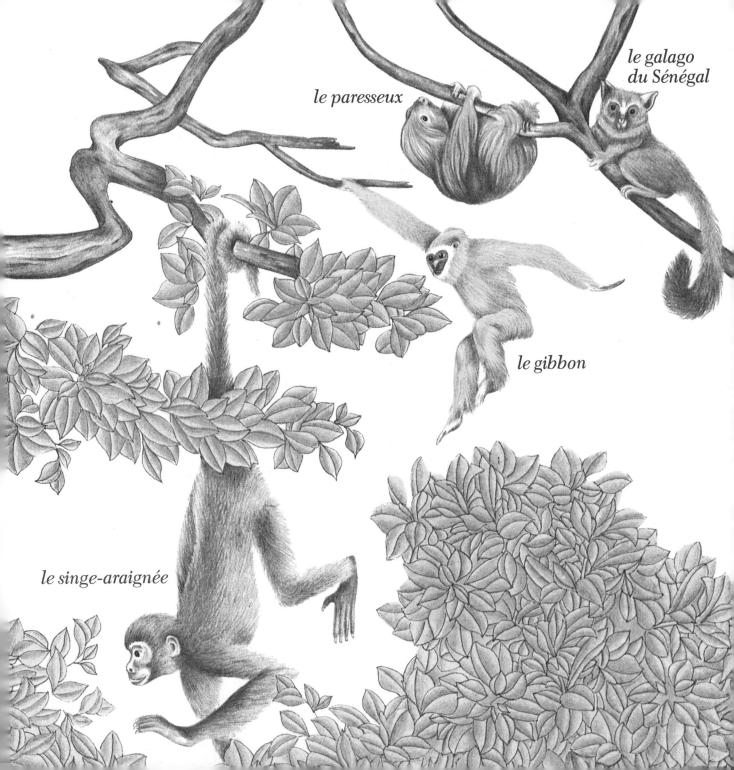

le paresseux

le galago
du Sénégal

le gibbon

le singe-araignée

Mais les MAMMIFÈRES
qui vivent
dans la mer . . .

le marsouin

le grand cachalot

le morse

le phoque

doivent souvent remonter
à la surface pour respirer.

la loutre marine

le dauphin

le lamantin

le narval

le marsouin

Les bébés
du MARSOUIN,
de la BALEINE
et du LAMANTIN
naissent sous l'eau.